AF411034

SIMPLES RÉFLEXIONS

SUR

LA PROPOSITION

DE

M. DE LAROCHEJAQUELEIN

PAR

M. ALFRED NETTEMENT.

PARIS

AU BUREAU DU JOURNAL L'OPINION PUBLIQUE,
RUE TAITBOUT, 10.

1850

Imprimerie de A. Guyot et Scribe, rue Neuve-des-Mathurins, 18.

SIMPLES RÉFLEXIONS

SUR

LA PROROSITION

DE M. DE LAROCHEJACQUELEIN.

I.

UTILITÉ DE CET EXAMEN.

M. de La Rochejaquelein a présenté une proposition d'appel à la nation, qui a été écartée à la presque unanimité, y compris la droite légitimiste, par l'Assemblée législative.

Il vient de publier, en l'adressant au pays, la *défense* de cette proposition.

Une vive polémique s'est élevée à ce sujet.

Il importe d'examiner les motifs donnés par M. de La Rochejaquelein pour justifier la pensée qu'il a eue, et d'exposer les principaux motifs qui ont déterminé la droite à rejeter sa proposition.

C'est ce que nous tâcherons de faire, en mettant tous nos soins à maintenir la discussion soulevée par la proposition de M. de La Rochejaquelein dans la sphère élevée où l'intérêt des questions qu'elle remue la place naturellement, et en évitant cet esprit de contention qui change les débats les plus utiles en regrettables disputes.

II.

PRINCIPES DE LA DROITE SUR LA QUESTION EN LITIGE.

Avant d'entrer dans cette discussion, nous tenons à exposer quels sont, à notre sens, les principes constants de la droite, et par suite les nôtres, sur le fond même de la question du droit traditionnel et de l'appel à la nation, qui sont le sujet de ce débat. La *Gazette de France*, à son insu, sans doute, a confondu sans cesse la proposition particulière de M. de La Rochejaquelein avec la question générale d'un recours à la nation mise en position de reconnaître les principes constitutifs de son existence. Cette manière de raisonner est éminemment propre à perpétuer l'équivoque. Le meilleur moyen de la faire cesser, c'est au contraire de s'expliquer sur la question générale, sauf à examiner ensuite la proposition particulière de l'honorable représentant du Morbihan.

De même que le cours des astres manifeste les lois qui les régissent, de même l'histoire est la manifestation des lois fondamentales qui régissent une société. Ceux qui veulent que la raison humaine, non contente de juger d'après les lois, soit le souverain juge de ces lois elles-mêmes, et qu'elle ait le droit, non-seulement d'en diriger l'application suivant les besoins et les changements opérés par les siècles, mais de les révoquer et d'en établir d'autres, ceux-là veulent que la raison humaine soit plus forte que la nature des choses, et que la sagesse d'une génération soit plus sage que Dieu. Cette prétendue souveraineté de la raison ressemble à celle que le suicide usurpe sur lui-même en disposant de sa vie. Sans doute l'homme qui se précipite dans un abîme a la faculté de mépriser ou de méconnaître les lois de la pesanteur qui entraînent avec une rapidité destructive les corps qui ne reposent plus sur une base solide ; mais cette faculté n'est pas un droit : celui qui en abuse fait un usage criminel ou aveugle de sa liberté, et détruit son existence. Il en est de même des sociétés qui violent les lois constitutives de leur être, en vertu de la sentence orgueilleuse prononcée par la raison d'une génération. Elles ont la faculté de le faire, parce qu'il n'y a point de force chez une nation contre la force nationale, mais elles n'en ont pas le droit, et quand elles abusent de cette faculté, elles en sont cruellement punies.

Elles n'ont pas le droit de violer ces lois fondamentales contre lesquelles tout ce qui se fait est nul de droit, comme parle Bossuet, par deux motifs également considérables. Nous venons d'indiquer le premier. Les sociétés sont libres, mais elles ne sont pas indépendantes ; leur existence, comme toute existence, a des lois. Les principes générateurs qui ont présidé à leur naissance, dominé leur formation et leur développement, et qui sont devenus comme l'âme même qui les anime, sont les lois de leur être ; les lois des êtres sont les volontés de Dieu. Les sociétés n'existent pas d'une manière absolue, elles existent d'une manière relative, à de certaines conditions. Elles ne peuvent pas plus subsister hors de leurs bases, qu'un arbre ne peut vivre séparé de ses racines. Quand elles violent leurs lois fondamentales, elles dépérissent; et, si cet état anormal se prolonge, elles meurent.

Elles n'en ont pas le droit, par un second motif, aussi puissant que le premier. Une société n'est pas un anneau jeté dans le temps, c'est une chaîne dont chaque génération n'est qu'un anneau. Appartient-il à un anneau de rompre la chaîne? Le présent, comme un héritier prodigue, a-t-il le droit de déshériter l'avenir de ce qu'il a reçu lui-même du passé? Il y a société, non-seulement entre les différents hommes d'une génération, mais entre les différentes générations qui se sont succédé en travaillant au même ouvrage et en bâtissant sur le même plan cet édifice vivant qu'on appelle une nationalité.

Ces vérités, applicables à toutes les sociétés qui se sont développées sous les lois qui leur sont propres dans l'espace et dans le temps, sont par conséquent applicables à la société française. La France a des lois fondamentales selon lesquelles elle existe, et en dehors desquelles tout périclite.

Les hommes de la tradition ne peuvent avoir un doute sur ces lois, et, chose remarquable, lorsqu'en 1789, on fit le dépouillement des cahiers des bailliages, M. de Clermont-Tonnerre, chargé de les résumer, put réduire au nombre de onze « les principes universellement *avoués* (1) » dans les ca-

---

(1) Voici quels étaient ces onze principes :

1° Le gouvernement français est un gouvernement monarchique;

2° La personne du roi est inviolable et sacrée;

3° La couronne est héréditaire de mâle en mâle;

hiers, comme ceux de la France. La France ne créait pas ces principes, elle les *avouait*, le mot est remarquable. C'est-à-dire que consultée, après une si longue interruption des états généraux, elle déclarait quelles étaient les lois fondamentales de son existence, après s'être penchée sur les quatorze siècles de son histoire.

Les bailliages, dont les cahiers furent déchirés par la Constituante, faisaient preuve dans cette occasion d'une sagesse admirable. Ils condamnaient d'avance ceux qui se levant dans une société de quatorze siècles, voulurent non-seulement agrandir, perfectionner, corriger le grand édifice de la monarchie française, d'après les progrès et la marche de l'esprit humain, mais le renverser pour le rétablir sur un nouveau plan, dont ils se firent seuls juges. Ces constituants de 89 méconnurent à la fois les devoirs du présent, les droits du passé et ceux de l'avenir. Ils furent coupables envers les tombeaux de leurs pères, comme envers les berceaux de leurs enfants; usufruitiers de la France, ils agirent comme s'ils en avaient été propriétaires.

4° Le Roi est dépositaire du pouvoir exécutif;

5° Les agents de l'autorité sont responsables;

6° La sanction royale est nécessaire pour la promulgation des lois;

7° La nation fait la loi, avec la sanction royale;

8° Le consentement national est nécessaire à l'emprunt et à l'impôt ;

9° L'impôt ne pourra être accordé que d'une tenue d'états généraux à l'autre ;

10° La propriété sera sacrée;

11° La liberté individuelle sera sacrée.

Dans leur personnalité ambitieuse et exclusive, ils ne tinrent compte ni des sueurs, ni du sang versé par les générations qui avaient marché devant la leur, et préférant leur raison orgueilleuse à la raison traditionnelle de la France, ils déchirèrent le testament des siècles qui avaient travaillé au magnifique monument de la monarchie française.

La patrie, comme nous l'avons dit, en effet, ce n'est pas seulement ce point dans le temps qu'on appelle une génération, c'est l'ensemble des générations réunies par ces grands liens de nationalité qui traversent le temps comme l'espace. Nous sommes les compatriotes de ceux qui défendirent le principe monarchique en même temps que le principe de l'indépendance nationale sous Philippe VI, sous Charles V, Charles VI et Charles VII contre l'Anglais, sous Henri IV contre l'Espagnol ; compatriotes de ceux qui moururent pour conquérir à la France ses frontières naturelles sous Louis XIV, comme de ceux qui, bien des siècles auparavant, partirent pour aller délivrer les saints lieux, et rendirent le nom des Francs fameux dans l'Orient, à tel point qu'aux yeux des Musulmans tout Européen fut couvert par ce glorieux nom.

Plus on réfléchit, plus cette prétention de tout immoler à l'arbitraire d'une génération paraît étrange. Quoi ! c'est la main de nos pères, qui par des combats, des traités, a formé le territoire que nous habitons ; nos devanciers ont défriché les terres qui nous nourrissent, creusé les canaux qui ouvrent des voies à notre commerce, créé les ports qui abritent nos vaisseaux ; le sol qui nous porte, les édifices dont nous sommes fiers, la gloire qui nous illumine de ses rayons, les arts qui nous consolent, tout, jusqu'à la langue que nous parlons, est l'œuvre de ce magnifique ensemble de travaux, d'efforts, de dévouements, de sacrifices, d'inspirations, de martyres, de peines, de grandeurs, de revers, de victoires, qui représente ce labeur de quatorze siècles qu'on appelle l'histoire de France ; et il appartiendrait à la raison d'une génération de changer légitimement le droit traditionnel du pays, en disposant souverainement de l'œuvre que tant de générations ont laborieusement créé! Non, cela n'est pas, cela ne saurait être.

Voilà le premier principe de ceux qui acceptent les maximes traditionnelles de notre histoire. On ne fait pas les lois constitutives de la France ; elles existent dans la sphère élevée du droit, consacrées par la sanction des générations ; on les reconnaît à son avantage, ou on les méconnaît à son dam.

A côté de ce premier principe, vient s'en placer un second : c'est que, dans les occasions graves, dans les litiges qui importent à l'intérêt du pays, dans les discussions qui s'élèvent sur les lois fondamentales, l'usage traditionnel veut que la nation prononce. La guerre des épées, la guerre des idées précèdent, suivant les temps, ces solennelles déclarations de la France descendant en elle-même. Cependant cette décision a toujours lieu, tantôt sous une forme, tantôt sous l'autre, suivant les époques. C'est ainsi que sous Philippe VI la nation, représentée par les états généraux, déclare que la loi salique l'appelle au trône, à l'exclusion de son compétiteur anglais. C'est ainsi que sous Charles VII l'assentiment national, se révélant à l'apparition de Jeanne d'Arc, se prononce cette fois par les armes contre le compétiteur anglais. C'est ainsi que sous Henri IV, après une longue lutte, la nation se range du côté du représentant du droit national contre le compétiteur espagnol.

C'est l'action de la liberté de chaque génération qu'il ne faut pas plus nier que le droit traditionnel. Cette action est nécessaire, quand les lois fondamentales sont suspendues, pour ajouter le fait au droit, et pour faire descendre le principe de la sphère de l'idée dans la réalité des choses. Elle ne fait pas le droit, elle le reconnaît; elle le rétablit. Cette action de la France sur sa destinée se retrouve écrite aux pages les plus mémorables de notre histoire. Ce n'est pas pour rien que notre nation s'appelle la nation franque, c'est-à-dire libre. On ne saurait disposer d'elle sans elle-même. Il ne faut pas l'oublier, un édit royal, publié sous Louis XV, reconnaissait que si la race régnante venait à manquer, à la France seule il appartenait de régler son état politique.

Voilà donc les deux principes à concilier : droit traditionnel, résultante politique de notre histoire, sanctionnée par l'assentiment des générations, qu'une génération ne peut pas créer, n'a pas le droit de détruire, car il préexiste; action de chaque génération sur sa destinée, nécessité de cette action pour revenir au droit traditionnel quand on en est sorti, et c'est dans ce sens que l'appel à la nation peut être compris et invoqué.

Reste à voir si la proposition particulière de M. de La Rochejaquelein ne blesse en rien ces principes. Nous examinerons sa proposition à la lumière de ces idées.

III.

LE TEXTE DE LA PROPOSITION CONFRONTÉ AVEC LES PRINCIPES.

Nous avons exposé les principes permanents de la droite sur la question générale soulevée par la proposition de M. de La Rochejaquelein. Le moment est venu de rapprocher de ces principes le texte même de cette proposition. Il ne s'agit pas, en effet, dans cette discussion, d'apprécier les intentions de M. de La Rochejaquelein ; elles ne peuvent qu'être excellentes, et elles sont ce qu'elles doivent être ; mais la droite, dans la séance du 26 mars, avait à délibérer sur un texte, et non sur des intentions.

Voici donc le dispositif, le seul document qui ait été lu à l'Assemblée dans la séance dont il s'agit, le seul sur lequel elle ait eu à se prononcer :

Art. 1er. La Nation sera consultée sur la forme du gouvernement qu'elle veut constituer définitivement. A cet effet, le premier dimanche du mois de juin 1850, il sera procédé au vote général dans la forme prescrite pour l'élection du président, en se conformant aux dispositions nouvelles sur les circonscriptions électorales.

Art. 2. Chaque électeur déposera un bulletin sur lequel sera inscrit l'un des deux mots : *République* ou *Monarchie*.

Art. 3. Si la majorité est acquise à la République, le résultat sera proclamé à la tribune de l'Assemblée législative par le président de la République.

Art. 4. Si la majorité est acquise à la Monarchie, le résultat sera proclamé par le président de l'Assemblée législative.

Dans ce cas seulement, il sera procédé, le premier dimanche du mois de juillet 1850, par le suffrage universel, à la nomination d'une Assemblée constituante, chargée dés pleins pouvoirs de la nation,

Art. 5. Le président de la République conservera le pouvoir exécutif jusqu'au jour de la constitution définitive de l'Assemblée constituante.

Signé : HENRI DE LA ROCHEJAQUELEIN.

Représentant du Morbihan.

Paris, 26 mars 1850.

C'est un homme de droite, il ne faut pas l'oublier, qui présente cette proposition; ce sont des hommes de droite qui, sur les bancs où siégent les amis de M. de La Rochejaquelein, sont appelés à l'appuyer. C'est là une considération de la plus haute importance. En effet, comment veut-on que, si un homme de droite présente, si des hommes de droite adoptent une proposition contraire à toutes les convictions de la droite, à tous ses principes, s'ils paraissent abdiquer leur croyance dans l'existence d'un droit traditionnel, la cause qu'ils défendent ne soit pas par là-même décréditée dans l'esprit des populations?

Les principes de la droite, nous les avons exposés. Le premier, c'est qu'il y a des lois fondamentales et traditionnelles en France qui existent même en dehors des faits, et qu'il n'appartient pas à une génération de créer ou d'anéantir. Le second, c'est que l'action de la volonté nationale est nécessaire, non pas pour constituer ces principes, mais pour y rentrer quand on en est sorti.

Nous le demandons à tout esprit impartial, est-ce là ce que l'on trouve dans la proposition dont il s'agit?

« *La nation sera consultée sur la forme de gouvernement qu'elle veut constituer définitivement.* »

Pas un mot de retour à des principes historiques et traditionnels. Tout datera d'aujourd'hui si la monarchie est votée, comme si la république est préférée, tout sortira uniquement de la volonté de la génération qui va être consultée. Elle constituera la forme de gouvernement qui lui plaira, et, qui plus est, elle la constituera définitivement. Si c'est la monarchie, ce ne sera donc plus la monarchie des siècles, ce sera la monarchie constituée par ce vote. Si c'est la république qui l'emporte, son triomphe sera définitif, le mot y est: *définitivement.*

Voilà ce que nous avons appelé la monarchie ballottée avec la République au scrutin de l'élection, la monarchie élue tirant son droit du scrutin.

Les articles suivants sont à l'avenant : « *Chaque électeur déposera un bulletin sur lequel sera inscrit un de ces deux mots :* RÉPUBLIQUE *ou* MONARCHIE. »

L'*ex-æquo* continue. Rien n'indique que l'homme de droite qui présente la proposition, les hommes de droite qui l'auront adoptée, mettent la plus légère différence entre le droit en vertu duquel existera la monarchie, et celui en vertu duquel existera la République. Tout datera du poll.

L'article 3 et l'article 4 sont, en partie, consacrés à poser les règles du cérémonial à suivre pour la proclamation de la République ou de la monarchie, afin de ménager, dans le cas de triomphe de cette dernière, la sensibilité du président de la République. Mais la fin de l'article 4 est grave, c'est là qu'il est dit que, dans le cas du triomphe de la monarchie, « *il sera procédé à la nomination d'une assemblée constituante, chargée des pleins pouvoirs de la nation.* »

Ceci est gros, comme disait M. le président Dupin à M. de La Rochejaquelein. Les pleins pouvoirs de la nation, c'est la dictature. Une constituante qui a des cahiers ne les suit pas toujours, on l'a vu en 1789, et même en présence d'un gouvernement monarchique établi, incontesté, incontestable, elle détruit les conditions de la monarchie. Qu'arriverait-il donc d'une assemblée constituante sans cahiers, prenant la dictature, sous un président de république, en face d'un droit séparé du fait, et de trois dynasties qui ont régné sur la France, et qui peuvent présenter trois compétiteurs parmi lesquels il en est un qui tiendrait encore le pouvoir le jour de l'arrivée de cette constituante, dans Paris, cette ville qui a plus souvent dominé les assemblées qu'elle n'a été dominée par elles?

Voilà pourquoi les hommes de la question préalable, comme les appelle la *Gazette de France*, ont repoussé la proposition de M. de La Rochejaquelein, dont l'intention était bonne, dont les idées sur le droit national ne sont douteuses pour personne, mais qui, dans sa proposition, n'avait pas rendu ses idées.

IV.

DÉFENSE DE LA PROPOSITION.

La parole est maintenant à M. de La Rochejaquelein pour défendre sa proposition :

— J'ai eu le tort de ne pas prévenir mes amis, et de prendre seul la responsabilité d'une proposition si considérable? —

Ce sont mes amis qui m'ont fait ce reproche.

Il y a plus de six semaines que j'ai communiqué mon travail à l'honorable représentant qui présidait l'aréopage devant lequel se sont élaborées les accusations qui m'ont été officiellement adressées dans un journal, par mes amis.

Ce représentant jouit à tous les titres de l'estime, de l'attachement de ceux qui le connaissent. Je professe pour lui ces sentiments au plus haut degré. Il ne m'approuva pas.

Il fallait apporter la discussion devant les cent soixante membres de la réunion de la rue de Rivoli. A quoi bon? Mon projet eût été repoussé par la grande majorité. Une minorité plus ou moins forte l'eût appuyé. Comme j'étais parfaitement décidé à profiter de la première occasion pour déposer ma proposition, j'aurais *produit une division*, et déjà bien des fois on m'en a accusé. Je n'ai pas voulu m'exposer à un tort pareil.

Et puis, si j'avais fait cette proposition d'accord avec un certain nombre de légitimistes, on en eût fait une affaire de parti. La majorité, fort compacte contre le désordre matériel, est très facile à choquer quand une opinion veut faire un acte qui ne convient pas aux autres opinions. Il eût été fort maladroit de jeter un ferment de discorde là où il en existe déjà trop.

J'ai pensé qu'il était plus politique de m'offrir en holocauste. Si quelqu'un est compromis, je le suis seul ; si d'autres veulent l'être avec moi, qu'ils soient les bienvenus.

Je vais être indiscret. Qu'on me le pardonne, il faut l'être un peu pour intéresser le public.

Croirait-on que depuis l'auto-da-fé de ma proposition, j'ai reçu les compliments et les encouragements accompagnés de regrets de plus de cent de mes collègues choisis dans toutes les nuances de l'Assemblée ?

Mais dans toutes ! Je n'en excepte aucune... Il en viendra bien d'autres !

Si donc j'avais consulté mes amis, j'aurais été combattu, j'aurais causé des divisions, j'aurais fait la faute de donner à une proposition que l'on commence à regarder comme très patriotique, le cachet d'une affaire de parti.

On voit que j'ai bien fait d'attirer sur moi seul toutes les responsabilités d'une action qui n'a pas un grand mérite de courage, quoi qu'on en dise, mais que je crois destinée à être mieux comprise de jour en jour.

Les actes prennent plus ou moins de signification par les hommes qui les font. J'ai pensé que j'étais plus qu'un autre en situation, *par mon nom*, de faire un appel contre la guerre civile.

Et je me suis toujours demandé comment tant de braves gens pouvaient donner au monde le spectacle de dissensions sanglantes, au lieu de se réunir pour sauver la France de l'anarchie qui la dévorait, des échafauds et du bourreau, qui remplaçaient alors et les juges et les lois !!!

Vous ne comprenez pas ? mais c'est que vous ne voyez pas !

Comment ! vous imaginez qu'une situation pareille à celle dans laquelle nous sommes peut durer ?

Comment ! vous espérez la prolonger assez longtemps

pour arriver à la révision légale de la Constitution? Mais c'est une chimère! Vous ne l'obtiendrez jamais de la composition actuelle de l'Assemblée, et vous ne pouvez toucher ni à l'Assemblée ni à la Constitution.

Vous avez deux années devant vous, mais ce sont deux années de misères qui ne vont que s'accroître de jour en jour.

Ma proposition est inopportune ; est-ce bien sérieux? Chacun convient que le gouvernement est, dans ce moment, parfaitement en mesure de réprimer sur l'heure toute manifestation contraire aux lois. Faut-il attendre un jour de danger, une époque qui laisse des craintes sur le résultat d'une lutte prête à s'engager? Mais qui oserait alors prendre la responsabilité d'une proposition qui pourrait déterminer l'explosion?

Ah! je l'avoue, ce serait un habile calcul de la part de ceux qui occupent la place! Il est plus facile d'avoir raison de la peur que du bon sens.

L'inopportunité! Mais faut-il attendre que la nation soit énervée, épuisée de souffrances? Est-il un homme de cœur qui spécule sur l'expérience acquise *par l'excès du mal?* Je ne suis pas de ce nombre.

Vous trouvez sans doute que la situation morale du pays s'améliore; dans ce cas j'arrive trop tôt. Mais vous dites tous les jours qu'elle s'aggrave : alors j'arrive bien tard. Mettez-vous donc d'accord avec vous-mêmes.

J'ai abandonné, sinon compromis, le principe d'hérédité monarchique? C'est le plus grave reproche qui puisse me toucher.

Je l'ai dit depuis le 24 février, je ne comprends que *la République ou la Légitimité.* Il serait singulier que je ne me rendisse pas bien compte d'un principe qui a eu ma foi depuis que je suis au monde, mais surtout depuis que j'ai pu le discuter.

J'ai dit dans l'exposé de ma proposition :

« Considérant que le principe de la souveraineté nationale est reconnu par tous les partis qui nous divisent; qu'il a été de tout temps regardé comme la source du pouvoir, l'hérédité royale n'ayant été maintenue pendant une

2

ongue suite de siècles que par le consentement de la nation ; que *l'institution du droit héréditaire* ne saurait souf-
frir d'un appel à la nation qui, usant de la plénitude de sa
souveraineté, pourrait reconnaître ce *principe d'origine
nationale*, et lui donner une sanction nouvelle sans en al-
térer la nature ni lui imprimer un caractère électif. »

Est-ce que par hasard j'aurais commis une hérésie ?

Est-ce que j'aurais tort de croire au droit traditionnel,
historique, national de l'hérédité monarchique ? Mais c'est
ainsi que mon catéchisme politique m'a appris à définir la
légitimité.

J'ai toujours cru que nos pères avaient pensé très justement que la nation se trouverait mieux de la transmission
héréditaire du pouvoir royal et que c'étaient eux qui
avaient établi, puis maintenu pendant près de neuf siècles
ce principe conservateur, *non pour que le trône fût toujours
bien rempli, mais pour qu'il ne fût jamais vide.* N'est-ce
pas tout ce que l'on peut demander de l'infirmité humaine,
qui atteint les rois comme les autres hommes ?

Mes amis ne me reprochent sans doute pas d'avoir fait
bon marché *du droit divin* ? Je suis sûr que pas un d'eux
n'y croit plus que moi.

Ah ! les adversaires de l'hérédité parlent *du droit divin.*
pour rendre ridicule l'opinion qui, la monarchie étant donnée, soutient *le droit national.* Je le comprends ; pour certains hommes toutes les armes sont bonnes dans le com-
bat.

Le reproche que l'on me fait n'est donc pas d'avoir don-
né à la légitimité son vrai nom : *le droit national.*

J'ai eu le malheur de proposer à la France de *mettre
aux voix la République ou la Monarchie !*

Mais voulez-vous me dire, mes amis, comment vous en-
tendez revenir à la Monarchie, que vous préférez à la République ?

Ce n'est ni par la guerre civile, ni par la guerre étrangère, ni par des conspirations, ni par l'excès du mal, ni
par un escamotage ?

Vous êtes les plus honnêtes gens du monde ? vous seriez
pris pour dupes.

Comment donc?

Si nous n'avions pas eu des usurpations qui ont perverti l'esprit monarchique en France, si nous n'étions pas divisés au point que vous me posiez cette question : Quelle monarchie? vous vous seriez tous levés comme un seul homme pour appuyer ma proposition.

Il faut demander à la nation aujourd'hui, quand vous pouvez le faire sans danger de guerre civile, ce que vous demandiez tous sous le gouvernement du 7 août 1830.

Vous reprochiez aux 219 députés d'avoir disposé sans droits de la couronne de France; vous disiez alors que la nation n'avait pas été consultée, et que le duc d'Orléans avait usurpé le trône de son neveu. Vous aviez raison ; je le disais avec vous.

Je demande tout haut que la France dise, sans contrainte et dans sa liberté, si elle veut de la République ou de la Monarchie, et vous vous plaignez tout bas qu'elle n'ait pas été consultée. M. de Chateaubriand ne disait-il pas au duc d'Orléans, le 4 août, ce que je dis aujourd'hui? *En droit national* au moins c'est un bon maître.

Vous me dites :

« Nous voulons entrer, quand on nous appellera par » les fenêtres et *qu'on* nous ouvrira les portes; et *on*, ce » fut tout le monde, ligueurs et politiques compris, quand » on alla chercher à Saint-Denis le roi qu'on avait repous- » sé jusqu'alors.

» *On* ne fit pas le roi, *on* l'alla chercher. »

Ai-je dit le contraire?

J'ai dit mieux que vous, car vous ne proposez rien.

Quel est votre moyen?

Ah! vous croyez que je reconnais à une génération le droit de ne tenir aucun compte des générations qui ont maintenu le droit national héréditaire? Certainement non. Le pouvoir, oui, mais le pouvoir inintelligent et brutal. Car si la génération présente n'est pas liée par les générations passées, de quel droit prétendrait-elle engager les générations futures? Si la nation faisait une pareille inconséquence, ce serait un suicide. Le suicide n'est pas un droit.

Vous croyez la nation folle, je lui crois de la raison, sinon pour elle, au moins pour ses enfants qui doivent la
perpétuer, et l'on ne jette pas dans l'abîme avec réflexion
soi et les siens.

Je sais bien que l'orgueil et de faux principes nous portent assez naturellement à ne pas nous croire liés par le
passé national ; mais est-ce donc par hesard l'orgueil individuel qui doit régler l'avenir d'une nation de trente-six
millions d'hommes, et ses intérêts, sa gloire, son repos, son
bien-être doivent-ils être à la merci des vanités personnelles
et des sophismes dont l'ambition seule est le mobile?

A notre époque si insensée, je sais qu'il est trop de gens
qui se croient destinés à jouer le premier rôle ; mais la
nation ne craint pas ces ridicules prétentions. Elle ne consentirait jamais à sortir d'un principe que pour entrer dans
un autre. Dans ma pensée, il n'y a pas trois termes à ma
proposition, il n'y en a que deux : voilà pourquoi j'ai dit
République ou Monarchie. Je demande à la nation tout entière de répondre si c'est la seule manière d'assurer l'avenir soit de la République, soit de la Monarchie.

Mais, me dites-vous :

« Au point de vue de la rigueur des principes, on com-
prend mal la Monarchie et la République mises au scrutin.
C'est là républicaniser la Monarchie, c'est faire dépendre
du vote d'une génération les lois traditionnelles sanction-
nées par les générations. »

Voyons, expliquons-nous ! plutôt que de manquer à la
rigueur des principes, vous aimez mieux rester en répu-
bbliue, et cependant vous prétendez que les principes ont
été violés en la proclamant sans le consentement de la nation. Vous voulez donc rester en dehors des principes?
Mais êtes-vous bien sûr que la nation pousse le rigorisme
aussi loin que vous? Et en quoi, je vous prie, les principes seraient-ils attaqués? Si le gouvernement provisoire
avait librement consulté la nation, vous n'auriez pas été
voter pour la *Monarchie*, par respect pour vos principes?...

A la suite d'une révolution qui n'a été que la consé-
quence logique de celle de 1830, la République a été pro-

clamée *sans droit* et sous une pression qui ne laissait pas la France libre d'exprimer ses véritables sentiments. Vous le dites sans cesse. Qui donc sera le juge souverain de cette question toujours posée? Il me semble que c'est le pays, et d'ailleurs vous prétendez qu'il est monarchique.

Autrement, cherchez, indiquez-moi le moyen de trancher la difficulté. Vous me faites monarchiques, et républicains, l'effet d'avoir peur les uns des autres, et de n'être pas bien sûrs de ce que la France vous répondrait !

Est-ce que par hasard vous mettriez le *droit national* au-dessus de la nation, que vous ne voudriez pas lui laisser à elle-même le droit de le revendiquer?

Que vous mettiez le droit traditionnel national au-dessus de l'élection, nous sommes d'accord !

Un principe traditionnel ne se fait pas, il se reconnaît.

Il serait souverainement maladroit de vouloir faire croire à la nation qu'elle n'est pas libre de sa volonté, car alors vous donneriez à penser que vous voulez l'imposer ! Pas un de vous n'a cette idée, mes chers amis, et je sais que vous avez tous dans le cœur cette noble devise donnée par le représentant du principe que vous respectez si justement :

« *Tout pour la France et par la France.* »

Je croyais que le suffrage universel, librement exprimé, c'était la France.

Il faut bien que je vous suive dans vos plus grands embarras.

J'y mettrai des ménagements. Vous dites encore :

« Au point de vue de la politique, ce n'est pas tout que de voter l'appel au peuple, il faut lui présenter les questions à ce degré de maturité où elles peuvent être résolues. Tant que le peuple pourra repondre à ceux qui lui parlent de monarchie, *laquelle*? il n'y aura pas lieu à le consulter, car la réponse serait difficile, douteuse et sujette à des interprétations contradictoires. Le parti le plus sûr, et en même temps le plus conforme à la raison, est de demeurer sur le terrain de la Constitution pendant le temps marqué. »

Voyons la traduction :

Nous trouvons la Constitution détestable ; elle perd le pays, nous en sommes tous convaincus ; mais, plutôt que de sauver la France, nous voulons rester légitimistes, orléanistes, bonapartistes, dans la Constitution. Dussions-nous périr, plutôt que de faire un appel à la nation, qui souffre plus que nous et ne veut pas perpétuer des souffrances intolérables causées par nos divisions, nous attendons que les trois possibilités monarchiques, sur lesquelles on se fait des illusions, se soient mises d'accord, et nous ne voulons pas, chacun pour notre part, faire la courte échelle aux autres !

C'est ainsi que raisonnent les pacifiques politiques qui n'aiment pas la République.

C'est très bien! vous ne pouvez pas vous mettre d'accord, et vous prenez votre temps, mais vous perdez celui de la France qui s'ennuie et souffre de vous cruellement.

Vous n'êtes pas habiles dans vos négociations. Si elle s'en mêlait,—cela la regarde bien un peu, n'est-ce pas?—je suis certain qu'elle ferait mieux que vous, et que ce serait vite fini. Voyons, je raisonne dans l'hypothèse de *la Monarchie* sortant du suffrage universel.

Dans ma proposition, je n'ai pas été assez insensé pour poser au' pays cette question : LAQUELLE ? Je sais trop l'influence des passions, de l'ignorance, des préventions, des intrigues, pour avoir fait une faute pareille. Je n'ai pas voulu, comme vous me le prêtez charitablement, mettre en présence trois prétendants, peut-être même dix, arrivant chacun avec une armée de votants, aux cris de : *Vive le Roi! Vive la Ligue* !

J'ai plus l'esprit pratique que vous ne supposez. Aussi j'ai dit : QU'UNE ASSEMBLÉE CONSTITUANTE SERAIT CHARGÉE DES PLEINS POUVOIRS DE LA NATION.

Je vais avoir contre moi tous ceux qui ont dans leur poche, ou qui ont envoyé déjà reliées et dorées sur tranche, de jolies petites constitutions à leur image. Je brave le danger. Il peut devenir ennuyeux, c'est déjà beaucoup ; il n'est pas mortel.

Comment procède l'Assemblée constituante monarchi-

que après tant de violentes commotions, après tant de se-
cousses, après tant de fautes venant de toutes parts?

Elle fait d'abord une constitution monarchique, dans laquelle les principes d'autorité et de liberté sont clairement
définis. L'expérience a démontré quelles sont les garanties
d'indépendance nécessaires au pouvoir pour faire le bien,
pour sauvegarder les intérêts sacrés qui lui sont confiés.
Nous devons être fixés sur les garanties nécessaires aux li-
bertés publiques, ou nous ne le serons jamais. C'est une
constitution qui n'est pas OCTROYÉE comme en 1814, qui
n'est pas BACLÉE comme en 1830.

Une constitution monarchique établirait infailliblement
l'hérédité de mâle en mâle par ordre de primogéniture.
Mais il y a un héritier à l'antique constitution française, si
le principe monarchique était reconnu.

Admettez-vous la discussion? Je le veux bien. Vous m'a-
vez dit : « *Quelle monarchie?* » Tout le monde nomme
trois prétendants, d'accord.

M. le comte de Chambord, à tout seigneur tout honneur;
c'est l'histoire de la France qui se rattache depuis neuf
siècles au descendant légitime des rois *qui ont fait la
France.* Le mot n'est pas de moi : il est de CARREL.

M. le comte de Chambord n'a pas d'enfants? Quels sont
ses plus proches parents? Il ne peut rentrer en France
qu'avec la nombreuse famille qui peut hériter de lui, de
son principe reconnu par la France après tant d'essais et
de révolutions. Il n'a rien à oublier, rien à pardonner; il
n'a qu'à tenir compte des services rendus au pays par tous
ceux qui ont pu avoir le bonheur de lui en rendre.

Il ne prend la place de personne. Qui peut se plaindre?
De tous les princes, c'est celui qui n'exclut personne. Ce
n'est pas une famille, ce n'est pas un prince qu'on choisit,
c'est un principe que l'on reconnaît. Qui donc peut s'éton-
ner d'une pareille préférence? Elle n'atteint personne, pas
plus la famille d'Orléans que la famille Bonaparte. La
branche d'Orléans hérite directement.

Le second prétendant est le prince Louis-Napoléon Bonaparte; il est le neveu d'un des plus grands hommes que
le monde ait produits. C'est une famille pour laquelle on

créerait un droit nouveau. Il n'a pas d'enfants. L'héritier présomptif est?... Vous n'en savez rien ni moi non plus. C'est une affaire de famille difficile à régler.

On pourrait choisir dans la famille d'Orléans ; mais je prends la pensée orléaniste.

Le troisième prince est le jeune comte de Paris. Il a dix ans. Il lui faut une régence. Ses héritiers sont nombreux. C'est encore un droit nouveau que l'on donnerait à une famille qui a brisé, depuis le 7 août 1830 jusqu'à ce jour, avec la tradition monarchique. Mais ce prince a tout à perdre à ne pas réunir le droit ancien sur sa tête, car il reste dans le cas de contestation élective dans un temps plus ou moins éloigné! Il n'a pas servi de terme à de fatales expériences.

D'ailleurs, à notre époque, quand les droits sacrés de la famille sont attaqués d'une manière si sauvage, un fatal exemple ne partirait pas de si haut. Ce que l'on a pu mettre dans le passé sur le compte de la nécessité n'aurait plus la même excuse. Je passe en revue même les hypothèses impossibles. J'ai le plus vif désir de n'offenser personne.

Mais enfin ces deux derniers princes n'ont aucun droit monarchique. Ils représentent deux faits historiques qui ont une grande place dans notre histoire contemporaine, l'un a duré onze ans, l'autre dix-sept ans; ils ne consacrent ni l'un ni l'autre le principe d'hérédité monarchique ; ils ne représentent ni l'un ni l'autre le *droit national*, ils le contestent. Vous ne croyez pas la nation assez absurde, en posant des prémisses justes, pour en tirer des conséquences contradictoires.

Avec M. le comte de Paris, M. le comte de Chambord et le prince Louis Bonaparte seraient exclus de France. Avec M. le comte de Chambord, tout le monde a sa place. Ce n'est pas lui qui la donne, c'est la constitution même; car le plus grand mérite qu'elle doive avoir est de ne faire aucun mécontent, de rallier enfin tous les partis au service de la France, sans en blesser, sans en froisser aucun.

Et les RÉPUBLICAINS pas plus que les autres! Il n'y a rien d'humiliant à rentrer volontairement sous la loi de ses pères. Il y a même de très grands avantages à le faire; car après tant d'épreuves de tout genre, chacun sait mieux ess droits et ses devoirs.

Vous riez, messieurs? c'est, en effet, bien ridicule de mettre au grand jour les rêves de vos consciences si noblement dévouées à votre pays, si pures, que vous sacrifieriez tout pour le bonheur de la France! C'est là cependant l'idéal des chimères caressées par mes amis. Ils se flattent de les voir se réaliser en ne le disant pas; ils espèrent que la raison des intéressés les amènera à comprendre que c'est la seule manière monarchique d'en finir avec les divisions dynastiques. Ils se trompent.

Les habiletés subalternes sont trop à craindre pour espérer de conjurer les entraves qu'elles suscitent pour mieux profiter des malheurs de la patrie.

Et puis, est-il bien sûr que tous les intéressés s'attribuent le pouvoir d'exécuter ce qu'ils croiraient au fond devoir être la meilleure solution?

Encore faudrait-il trouver le moyen.

Que de difficultés de toutes natures, que de prétentions, que d'amours-propres à ménager, à craindre de froisser! C'est en vérité inextricable.

Mais si la nation parlait, si elle réglait elle-même ses destinées, celles de tous les intéressés, et qu'elle dît au *monarque* : Voici nos affaires et les vôtres bien réglées; c'est à vous de leur donner une sanction définitive. La sagesse de la nation a parlé, que le souverain constitue définitivement!

Croyez-vous, mes amis, que le souverain déciderait autrement que la nation? Croyez-vous que ce seraient des conditions imposées?

Pour fermer à jamais l'ère des révolutions, il faut bien que le monarque soit d'accord avec la nation sur les bases fondamentales de la Monarchie, ou bien ne pensez jamais à la Monarchie.

Voyez quelle confiance j'ai, moi légitimiste, dans la sagesse de la nation. Ayant à choisir entre la reconnaissance du principe de nos pères et un enfant de dix ans, ou le prince Louis Bonaparte, sans que nous connaissions son héritier, je me fais fort pour elle qu'elle n'aurait pas un instant d'hésitation.

Elle paye assez cher ses folies pour revenir à la raison, mais elle veut que l'on se confie à elle! Je veux qu'elle fasse ses affaires elle-même, et je crois être dans les idées les plus monarchiques, toujours en me plaçant dans l'hypothèse de la préférence donnée à la Monarchie sur la République par le suffrage universel.

Vous trouvez que c'est un peu républicain? Peut-être. C'est ainsi cependant que nos pères ont fait la monarchie; car apparemment ils n'étaient pas tous esclaves, il n'étaient pas sous le joug d'une conquête, et je rappelle ce que je répondais un jour, à la Chambre des députés, à M. Dupin aîné, qui parlait des chevaliers du *droit divin*, (nous sommes de vieilles connaissances) :

« Ce n'est pas nous qui croyons au droit divin, car nous savons tous que Hugues Capet demandant au comte Adalbert : *Qui est-ce qui t'a fait comte?* celui-ci lui répondit fièrement : *Qui est-ce qui t'a fait roi?* »

Et puis nous savons encore cette vieille formule des capitulaires de Charlemagne :

Lex fit consensu populi et constitutione regis.

La loi prend sa source dans le consentement de la nation, elle est constituée par le roi.

Comme j'arrange les choses, n'est-ce pas? Voulez-vous me dire comment vous les arrangeriez autrement sans blesser personne, et en donnant satisfaction à tout le monde? Vous conviendrez que je mets la nation bien à même de se prononcer en connaissance de cause.

V.

EXAMEN DE LA DÉFENSE.

On voit que la défense de M. de La Rochejaquelein porte sur trois points; le défaut de concert avec ses amis, le défaut d'opportunité, le défaut de conformité de sa proposition avec les principes du droit traditionnel. Nous ne dirons qu'un mot sur le défaut de concert; nous examinerons d'une manière plus approfondie la question d'opportunité; et enfin nous nous attacherons surtout au fond même de la proposition, car c'est surtout la question de principe qu'a dû envisager et qu'a envisagée la droite dans cette circonstance, quand elle a repoussé la proposition de M. de La Rochejaquelein par la question préalable.

Est-il besoin de dire que nous ne sommes animés dans cet examen par aucune pensée malveillante contre l'honorable auteur de la proposition du 26 mars. Au point de vue personnel, on ne saurait nous supposer ce genre de sentiment pour un ami que nous avons, en toute occasion, applaudi et soutenu, dans la mesure de nos forces. Au point de vue politique, nous regardons tous les hommes de valeur qui sont dans nos rangs comme des armes qui appartiennent à notre parti, et, loin de les amoindrir, nous cherchons toujours à les fortifier. Nous sommes trop profondément dévoués à notre opinion pour enclouer ses canons et épointer ses épées; nous laissons à d'autres ce dénigrement des hommes de notre parti, qui nous paraît à la fois un tort et une faute.

Dans sa défense, M. de La Rochejaquelein a mis dans tout leur jour, avec cette verve spirituelle et cet entrain qui est le cachet de son talent, ses sentiments dont personne ne doute, ses intentions qui ne sauraient être suspectes. Il a dit une fois de plus, et avec une chaleur de cœur et une vivacité d'esprit remarquable, ce qu'il aimait, ce qu'il voulait, ce qu'il croyait. Mais a-t-il rendu sa proposition plus acceptable? C'est là une tout autre question qu'il faut examiner.

Nous toucherons à trois points, ainsi que l'auteur:

Le défaut de concert,
La question de principe,
L'opportunité.

VI.

LA QUESTION DE CONCERT.

Nous avons dit que nous nous bornerions à des observations très sommaires sur le silence gardé par M. de La Rochejaquelein envers ses amis. Ces observations les voici :

M. de La Rochejaquelein, en disant qu'il n'a pas communiqué sa proposition à ses amis pour leur épargner la responsabilité de l'adoption ou du rejet, oublie une chose : c'est qu'il ne pouvait pas leur épargner, et qu'il ne leur a pas épargné cette responsabilité. Avant ou après, il fallait qu'ils se déclarassent. La seule différence, c'est qu'au lieu d'avoir à se prononcer rue de Rivoli, après avoir entendu les considérants de l'auteur et les avoir examinés à loisir, ils ont eu à se prononcer à l'improviste, en public, sans connaître autre chose que le dispositif.

Que les intentions de M. de La Rochejaquelein fussent bonnes en agissant ainsi, nul doute à cela, mais ses intentions l'ont très mal servi. En effet, sa liberté comme celle de ses amis fût restée entière après une communication officieuse qui eût été suivie d'observations sur le fond et sur la forme.

M. Dupin a agi par surprise, cela est vrai ; mais M. Dupin n'aurait surpris ni M. de La Rochejaquelein ni les hommes de droite, si l'auteur de la proposition avait prévenu ses amis. Il a préféré s'offrir en holocauste, dit-il. A la bonne heure, cela est généreux ; cependant, nous sommes rassurés sur les suites de cette générosité par ces deux lignes qui viennent plus bas :

« Croirait-on que depuis l'auto-da-fé de ma proposition, j'ai reçu les compliments de plus de cent membres ?»

Nous n'avons parlé de ce défaut de concert que parce que nous croyons qu'entre hommes partant des mêmes principes et marchant au même but,

on doit toujours éviter de se surprendre, alors même qu'on croit ne pouvoir pas réussir à tomber
d'accord. Si M. de La Rochejaquelein avait averti
ses amis, il serait arrivé de deux choses l'une : ou
ils auraient trouvé sa proposition bonne, et alors
il aurait associé la droite à sa proposition ; ou ils
l'auraient désapprouvée, et alors ils lui auraient ex-
pliqué cordialement les motifs de leur désappro-
bation ; et comme entre eux et M. de La Rochejaquelein il y a communauté de principes, il aurait
ramené sa proposition à des termes qui n'auraient
point été en contradiction avec les principes de la
droite et ceux de M. de La Rochejaquelein, et il ne
serait plus resté entre eux et lui qu'une question
de possibilité et d'opportunité.

VII.

LA QUESTION DE PRINCIPE.

Nous sommes ici naturellement ramenés à la
question de principe.

Nous avons relu avec une sérieuse attention tout
ce que dit, à ce point de vue, l'honorable représentant du Morbihan; et nous n'avons rien trouvé qui
répondît aux objections que nous avons présentées
plus haut. Il parle sans cesse de l'exposé de sa proposition, et il cite plusieurs choses excellentes qu'il
a dites dans cet exposé des motifs. Oui, cela est
vrai; mais plus cela est vrai, plus il importait de
mettre le dispositif d'accord avec cet exposé. Ce
qu'on regrette, ce n'est pas ce qui est dans l'exposé
des motifs, qu'on n'a connu qu'après le vote, grâce
à la discrétion que M. de La Rochejaquelein avait
gardée envers ses amis ; c'est ce qui n'est pas dans
le dispositif, qui seul a été lu, qui seul était en dé-
libération.

On a coutume de dire que ce qui est dans les
prémisses doit se trouver dans les conclusions. Eh

bien ! le tort de M. de La Rochejaquelein est d'avoir présenté une conclusion qui ne renferme point ce qui était dans ses prémisses. Ces prémisses, inconnues de ses amis, il ne faut pas l'oublier, disent que *la nation reconnaîtrait l'institution du droit héréditaire, ce principe d'origine nationale, sans lui imprimer un caractère électif.* La conclusion dit que « la nation sera consultée sur la forme de gouvernement qu'elle veut *constituer définitivement,* » et elle ajoute qu'une constituante sera nommée, en cas d'un vote favorable à la monarchie, avec les pleins pouvoirs de la nation. — « Est-ce que j'aurais tort de croire au droit traditionnel, historique, national de l'hérédité monarchique ? » demande l'honorable M. de La Rochejaquelein.

Tout au contraire, vous avez parfaitement raison; mais, par malheur, il n'est question de rien de tout cela dans votre dispositif. Vous l'aviez si bien dans le cœur, nous le savons, que vous avez jugé inutile de le mettre dans votre proposition. Or, ce n'est pas sur vos sentiments, ce n'est pas même sur votre exposé des motifs que l'Assemblée a été appelée à voter, c'est sur votre proposition.

M. de La Rochejaquelein s'écrie un peu plus bas : « Vous me dites : *Au temps de Henri IV, on ne fit pas le roi, on l'alla chercher.* Ai-je dit le contraire? J'ai dit mieux que vous, puisque vous ne proposez rien. Ah ! vous croyez que je reconnais à une génération le *droit* de ne tenir aucun compte des générations qui ont maintenu le droit national! Certainement, non. »

' Vous, certainement non ; votre proposition, certainement oui ; car elle dit : « La nation sera consultée sur la forme de gouvernement qu'elle veut définitivement constituer, République ou Monarchie. » Appeler une génération à *constituer* la monarchie établie depuis quatorze siècles, ou à constituer *définitivement* même la République, si elle l'entend, n'est-ce pas ne tenir aucun compte de la

tradition, et mettre le droit d'une génération au-
dessus du droit de l'avenir comme du droit du
passé?

Il est inutile d'insister sur ce point. Notre objec-
tion est comprise. Ce n'est pas à M. de La Rochejaquelein, ce n'est pas à ses intentions, ce n'est
pas à ses principes bien connus, c'est à sa proposition qu'elle s'adresse, parce que sa proposition a
trahi sa pensée au lieu de la rendre. Reste la
question de l'efficacité et celle de l'opportunité, que
nous aborderons de front, parce qu'elles se tien-
nent. Si la proposition de M. de La Rochejaquelein est efficace, elle est opportune, — et récipro-
quement.

VIII.

QUESTIONS D'EFFICACITÉ ET D'OPPORTUNITÉ.

Dans la situation où nous sommes, la proposition de M. de La Rochejaquelein serait-elle opportune? serait-elle efficace? Intéressant et grave sujet.

L'auteur lui-même a des doutes sur l'efficacité
de sa proposition. Vous avez remarqué cette
phrase : « Vous croyez que la nation est folle, je lui
crois de la raison, » presque aussitôt suivie de
cette autre phrase : « A notre époque si insensée,
je sais qu'il est trop de gens qui se croient destinés
à jouer les premiers rôles, mais la nation ne
craint pas ces ridicules prétentions. Elle ne consentirait jamais à sortir d'un principe que pour entrer
dans un autre. Je sais que l'orgueil et de faux
principes nous portent assez naturellement à ne
pas nous croire liés par le passé; mais est-ce donc
par hasard l'esprit individuel qui doit régler l'a-

venir d'une nation de trente-six millions d'hommes ? »

Ainsi l'époque est *insensée*, et la nation de l'époque est *sage* ! Ainsi l'orgueil et de faux principes
nous portent assez naturellement à ne pas nous
croire liés par le passé national, mais l'auteur est
rassuré parce que l'orgueil individuel ne *doit* pas
régler l'avenir d'une nation de 36 millions d'hommes. Qui ne le voit? les mots se contredisent ici,
parce que les idées ne sont pas sûres d'elles-mêmes; la négation coudoie l'affirmation; les paroles
s'élèvent les unes contre les autres, parce que l'esprit doute. Hélas! est-ce que, dans les temps de révolution, il suffit qu'une chose *doive* être pour
qu'elle soit? Est-ce que les passions, les préventions, les intérêts, les circonstances ont cessé d'a-
voir leur action dans les choses humaines? M. de
La Rochejaquelein se laisse aller ici à l'illusion gé-
néreuse d'un noble cœur, mais les illusions sont
mortelles en politique. C'est l'avenir de la France
joué sur un nouveau coup de dé, *alea jacta est*. Que
répondra le sort ?

Croyons-nous donc que la nation soit folle? Non,
mais nous croyons que les nations comme les indi-
vidus, ne participant point à l'infaillibilité divine,
ont des intermittences de sagesse et d'erreur. Les
nations, comme les hommes dont elles se com-
posent, ont une raison, mais une raison sujette à
faillir; elles ont des passions et des préventions,
elles sont souvent dominées par les événements.
C'est pour cela qu'avant de les consulter il faut
tâcher de les mettre dans les conditions les plus

favorables pour éclairer leur raison et amortir leurs passions, dans les circonstances les plus propres à la liberté et à la droiture de leur jugement.

Sommes-nous dans ces conditions et dans ces circonstances ? Ce n'est pas nous seulement qui **en** doutons, c'est, comme on va le voir, M. de La Rochejaquelein lui-même. Lorsqu'on lui demande pourquoi il n'a pas posé à la nation la question d'une manière claire, en lui demandant de choisir entre la monarchie légitime et la République, il dit que, « dans sa pensée, il n'y a pas trois termes à sa proposition, il n'y en a que deux, et que la nation ne consentirait jamais à sortir d'un principe que pour entrer dans un autre. »

Ce n'est pas répondre. Il ne s'agit pas ici de ce qui est dans la loyale pensée de M. de La Rochejaquelein, mais de ce qui est dans les pensées si diverses des huit millions de Français qui seraient appelés au scrutin, de ce qui est dans les faits. Il n'y a que deux termes à votre proposition, dans votre pensée, cela est vrai ; mais qu'importe, s'il y en a cinq dans les esprits des votants : trois monarchies, la monarchie légitime et nationale, la monarchie orléaniste, l'Empire ; deux républiques, la république démocratique et la république sociale ? Est-ce que, parce que vous faites l'unité dans les mots, vous l'aurez faite dans les esprits, dans les volontés et dans les choses ?

Vous avez trop de sens pour le croire, et vous ne le croyez pas. En effet, vous dites : « Dans ma proposition, je n'ai pas été assez insensé pour poser au pays cette question, en parlant de la monar-

chie , LAQUELLE? Je sais trop l'influence des passions , de l'ignorance , des préventions, des intrigues pour avoir fait une faute pareille. Je n'ai pas
voulu, comme vous me le prêtez charitablement,
mettre en présence trois prétendants, peut-être
dix , amenant chacun une armée de votants , aux
cris de *Vive le roi ! vive la Ligue !*

À Dieu ne plaise que nous ayons jamais prêté
une pareille *volonté* à M. de La Rochejaquelein.
C'eût été une calomnie, et nous qui n'avons jamais
calomnié nos adversaires, nous ne calomnierons
pas nos amis. Mais M. de La Rochejaquelein est
encore ici, qu'il nous permette de le lui dire, la
dupe de ses généreuses intentions. Il tend un piége patriotique, mais impuissant, dans l'unité de sa
formule, à la diversité des opinions, qu'il ne méconnaît pas, puisqu'il dit qu'il n'a pas voulu demander *quelle monarchie,* parce qu'il connaît trop
l'influence des passions, des préventions, de l'ignorance et des intrigues. Il estime donc que les légitimistes, les impérialistes, les orléanistes voteront
tous pour la monarchie, qui, sous un seul mot,
présentera trois sens à leur esprit, et que, comme
la monarchie n'a qu'une signification dans la pensée de M. de La Rochejaquelein, la monarchie légitime se trouvera rétablie ? C'est avoir une confiance bien superstitieuse dans la vertu d'une formule.

Vous avez beau ne pas poser la question, elle se
posera d'elle-même dans les esprits et dans les
faits. Supposez qu'on évite la guerre civile et que
les choses se passent régulièrement : ces intrigues,
ces passions, ces préventions auxquelles vous crai-

gnez de donner la parole, la prendront sans votre
congé. Que disons-nous! sans vous en apercevoir
vous la leur donnez vous-même en les invitant à
nommer une consiituante chargée des pleins pouvoirs de la nation. Autour du scrutin d'où sortira
cette constituante, est-ce que vous ne trouverez
pas les passions, les préventions, l'ignorance et les
intrigues que vous redoutez, et que vous croyez
avoir prises au piége de l'unité de votre formule?
Est-ce que certains prétendants ne pourront pas rôder
autour de ce scrutin, comme plus tard autour de
l'Assemblée? Est-ce que tous les partis politiques,
dont les intérêts sont bien plus engagés dans cette
question que ceux des populations, ne feront pas
des efforts désespérés dans ces élections? Est-ce
qu'ils ne s'agiteront pas dans le sein de cette Assemblée armée des pleins pouvoirs de la nation?
Est-ce que cette Assemblée ne sera pas formée des
mêmes éléments que l'Assemblée actuelle, et vou-
driez-vous remettre à l'Assemblée actuelle la décision de cette grande question?

Vous n'échappez donc pas à la difficulté, vous la
changez de place, vous la différez. Pour ne point la
rencontrer dans les assemblées primaires, vous
vous résignez à la rencontrer dans l'Assemblée
constituante, car, prenez-y garde, il ne suffit pas
que le mot de monarchie n'ait qu'un sens dans
votre esprit, il faut qu'il n'ait pas trois sens dans
l'esprit de l'Assemblée constituante : ce n'est pas à
vous, en effe. c'est à elle que seront remis les
pleins pouvoirs de la nation. Elle décidera, et vous
serez tenu d'obéir.

Eh bien! faut-il dire toute notre pensée? s'il é-

tait vrai, si le moment était venu de courir cette
chance redoutable et de consulter le pays sur sa
destinée, nous aimerions mieux, dans les circonstances où nous sommes, avec cette division des
partis politiques, ces prétentions rivales, ces intérêts jaloux de pouvoir et d'ambition, nous aimerions mieux poser la question aux assemblées primaires elles-mêmes, moins accessibles aux intrigues, aux passions, aux intérêts privés, qu'une
assemblée d'hommes de parti réunis dans une
constituante siégeant dans Paris, cette ville qui
a si souvent faussé le jugement des Assemblées
nationales.

Nous préférerions le jugement de la France, où
les partis ont une action sans doute, mais où ils ne
sont pas tout, au jugement d'une assemblée où
l'on ne rencontrerait guère que des hommes de
parti. Nous croirions encore plus prudent de s'en
remettre au sentiment de la France, en lui disant
avec franchise : Voulez-vous revenir au droit traditionnel consacré par la sanction de dix siècles,
ou voulez-vous continuer les expériences révolution
naires des monarchies élues ou des républiques dé-
mocratiques ou sociales ? »—oui, nous aimerions
mieux affronter cette périlleuse épreuve, que de li-
vrer, avant la réconciliation complète des partis,
cette question à l'arbitraire souverain d'une assemblée politique formée d'hommes engagés dans les
divers gouvernements qui se sont succédé.

Ainsi cette constituante qui rassure M. de La
Rochejaquelein, ferait notre effroi, et tout ce que
M. de La Rochejaquelein dit pour nous rassurer
ajoute à nos craintes. « La constituante, dit-il. fait

d'abord une constitution monarchique, où les principes d'autorité et de liberté sont clairement définis. » Quoi! ce n'est pas assez d'avoir une constituante, nous aurions une constitution, une constitution faite *à priori* par cette assemblée souveraine, où tous les partis seraient représentés. Et qui vous a dit que ces partis, au lieu de songer à donner au pouvoir les garanties nécessaires d'indépendance pour faire le bien, que le malheureux Louis XVI réclamait en vain, ne songeraient pas à se ménager dans la constitution des places de sureté? Qui vous a dit qu'elle ne rendrait pas la royauté inacceptable pour l'héritier légitime, et qu'elle ne serait pas ainsi amenée à accepter les propositions de quelque candidat à tout prix qui soumissionnerait la puissance royale au rabais? Il n'y aurait plus de charte octroyée, dites-vous : vous vous trompez, il y aurait une charte octroyée par une assemblée souveraine à une royauté subalterne, à qui on présenterait une monarchie toute faite à prendre ou à laisser, au lieu de la monarchie française fondée tout entière sur les axiomes qu'exprimèrent les cahiers de 89.

Ce n'est pas ainsi que vous arrangeriez les choses, nous le savons; mais, encore une fois, ce n'est pas vous qui les arrangerez. Tenez-vous dans vos mains les électeurs? Y tiendriez-vous la Constituante? Vous dites que vous croyez que les choses ne suivront pas cette pente. Mais quelle garantie pouvez vous nous donner à l'appui de votre opinion? Et si elles se passaient ainsi, si vous vous étiez trompé, nous tireriez-vous de l'abîme de maux où votre erreur nous aurait plongés? Prenez garde que vous ne racontez pas l'histoire du scrutin qui doit avoir lieu, l'histoire du résultat qu'il aurait, l'histoire des délibérations de la Constituante qui serait réunie, l'histoire de la Constitution qu'elle voterait. Cette histoire, vous la faites à votre fantaisie, vous la créez, vous prophétisez. Il faut donc que nous risquions le va-tout de la France sur l'exactitude d'une prophétie de M. de La Rochejaquelein, qui est homme d'esprit, à coup sûr, orateur, homme de dévoûment, mais qui ne nous a pas encore montré son diplôme du collége des augures. Or, M. de La Rochejaquelein, avant que nous nous déclarions d'accord avec lui sur sa proposition, devrait se mettre tout à fait d'accord avec lui-même. Il dit dans sa défense : « Je ne me suis pas posé en ennemi de la République. Pourquoi ? Parce que j'ai cru la République le seul terrain sur lequel les partis puissent faire la trève de Dieu. » Il ajoute dans ses considérants, que « des prétentions ou des préventions funestes et peu intelligentes divisent malheureusement encore en classes ou catégories rivales et hostiles, rangent sous des drapeaux différents, un grand nombre de citoyens sur l'accord et les lumières desquels le pays devrait pouvoir compter. » Ainsi les divisions qui ont fait accepter la République à M. de La Rochejaquelein subsistent, et il demande l'union au vote universel exprimant les volontés d'une nation divisée. C'est là l'écueil, c'est l'obstacle, c'est l'inconvénient, c'est le péril de la situation. Vous raisonnez toujours comme si, en dehors de tous les partis politiques, il y avait une nation tout-à-fait étrangère à leurs passions et à leurs préjugés, et affranchie de leur influence, qui s'établira dans les sphères élevées du patriotisme et de la raison pour prononcer entre eux. Mais la portion la plus active, la plus influente de la nation, celle qui mène, se décompose en partis, et demander l'union à la nation quand les partis refusent de s'entendre, c'est demander l'union à la division et la paix à la guerre.

Jusqu'ici, nous avons supposé que M. de La Rochejaquelein présentait sa proposition comme pouvant aboutir, et que c'était pour cela que certains journaux reprochaient à ses amis de ne pas l'avoir approuvée. Il n'en est rien. En effet, dans sa *Défense*, M. de La Rochejaquelein déclare « qu'on n'obtiendra jamais de l'Assemblée la révision légale de la Constitution. » Mais alors vous obtiendrez encore bien moins d'elle la révision illégale; et pourtant, c'est à elle que vous la demandez; elle seule peut la donner, c'est vous qui le dites dans vos considérants : « L'initiative de cette grande mesure est du domaine *exclusif* de l'Assemblée législative. » Vous demandiez donc, et vous vouliez faire demander par vos amis une mesure, dont vous saviez d'avance l'obtention impossible. C'était donc, comme le disait le grand agitateur O'Connell, purement et simplement une agitation salutaire que vous vouliez produire ?

A ce point de vue, la question change. Elle a ses avantages, comme aussi ses inconvénients. Son côté avantageux, c'est d'être un *memento* adressé aux partis politiques : — « Souvenez-vous ! l'espace est court, le temps vous presse. Les choses ne peuvent demeurer ainsi; la France souffre, elle attend. Mettez-vous d'accord, si vous voulez éviter les catastrophes. »—Ses inconvénients, car elle en a aussi à ce point de vue, sont graves : c'est de faire une trouée morale dans ce rempart fragile qu'on appelle la Constitution, cette chose convenue, bien imparfaite sans doute, mais qui tient la place de quelque chose de pis tant qu'on ne peut pas la remplacer par quelque chose de mieux. On ne peut, en effet, attaquer à la fois et défendre le même rempart, et la brèche faite par vous et pour vous se trouve faite pour tout le monde. Or, les *réviseurs* de la Constitution sont nombreux et divers, et parmi eux il faut compter le *Napoléon*, — nous parlons du journal,—qui trouve qu'il est trop tard pour demander à la France si elle veut la monarchie, mais qui pense qu'on pourrait, avec beaucoup d'opportunité, lui adresser d'autres questions.

IX.

CONCLUSION.

Voilà nos objections contre la proposition de M. de La Rochejaquelein.

Nous ne sommes pas, en thèse générale, contre un appel à la nation pour revenir aux principes traditionnels, mais nous croyons :

Que cet appel doit être formulé d'abord de manière à ne pas compromettre les principes ;

Qu'il doit être concerté :

Qu'il doit être fait en temps utile, dans des circonstances opportunes.

Nous ne reconnaissons pas ces trois caractères à la proposition de M. de La Rochejaquelein, malgré ses intentions qui sont excellentes. Nous avons dit pourquoi. C'est tout.

FIN.

www.ingramcontent.com/pod-product-compliance
Lightning Source LLC
LaVergne TN
LVHW011411170726
843501LV00006B/2134